彭仙

画师，传统手艺人。师承王悦阳先生，“戴家样”第三代弟子。自幼喜欢绘画。

中國神仙畫譜

彫仙——编绘

人民邮电出版社
北京

图书在版编目（CIP）数据

中国神仙画谱 / 彫仙编绘. -- 北京 : 人民邮电出版社, 2023.11（2024.3重印）
ISBN 978-7-115-62543-4

Ⅰ. ①中… Ⅱ. ①彫… Ⅲ. ①神－中国－画册 Ⅳ. ①B933-64

中国国家版本馆CIP数据核字(2023)第159921号

内 容 提 要

这是一本以中国神仙为题材的画册，其中的作品是结合中国风绘画手法进行表现的。本书共6部分，分别为天府群仙、地上群仙、地府幽冥、后天仙真、民间神灵和上古诸神，包含一百余幅作品。书中的作品具有强烈的中国风韵味，刻画深入，人物形象鲜明。

本书适合对传统文化感兴趣、喜欢收集画册的读者阅读。

◆ 编　　绘　彫　仙
　责任编辑　张　璐
　责任印制　马振武
◆ 人民邮电出版社出版发行　　北京市丰台区成寿寺路11号
　邮编　100164　　电子邮件　315@ptpress.com.cn
　网址　https://www.ptpress.com.cn
　北京盛通印刷股份有限公司印刷
◆ 开本：889×1194　1/16
　印张：10.25　　　　2023年11月第1版
　字数：164千字　　　2024年3月北京第6次印刷

定价：129.80元

读者服务热线：(010)81055410　印装质量热线：(010)81055316
反盗版热线：(010)81055315

推荐序

彩笔彫彰，翰墨仙缘

从中国传统绘画的历史来看，成熟最早的当为人物画。而在传统人物画宝库中，释道、仕女、高士、甲胄……各类题材都曾有不少独具个性且影响深远的艺术大家。从周昉、李公麟，到陈洪绶、任伯年，几乎每一时代的人物画大家，都以独具风貌的绘画语言、精彩纷呈的艺术造型、立意深远的艺术思想而形成独树一帜的绘画风格，影响深远，既承上启下，又继往开来。尽管他们的作品风格各异，各具特色，但都以形神兼备的艺术形象打动人，征服人，从而将传统中国人物画的历史使命与艺术精神传承至今。

当今人物画坛，"戴家样"艺术无疑是传统民族绘画，特别是人物画艺术中的一朵绚烂奇花。这是从艺近七十年，自称"民间艺人"的一代丹青大家戴敦邦先生与其嫡传弟子、再传弟子等几代从艺者共同创立的绘画艺术风格与文化品牌，深受广大老百姓的喜爱。他们以纯正的中国传统绘画、造型艺术手段，立志为古往今来的文学名著、人文经典、历史人物等绘制生动、传神的图画，坚持用手艺人的画笔，对"中国风情""民族派头"孜孜不倦地进行探索与实践，远离名利，坚守初心，兢兢业业，坚持用传统中国绘画艺术，为大家讲好中国故事，以此传承民族美学，弘扬中华精神，增强文化自信。

在诸多"戴家样"三代弟子之中，吾徒彫仙是颇具个性与造诣的一位年轻人。我与他因"戴家样"绘画艺术而结缘，相识之初，不善言辞的他十分善良，总是以诚待人，常带着憨厚微笑，尽管说话不多，语不惊人，但拿出的作品数量多、质量高，的确令人刮目相看，很难相信这是出自一位年轻的"85后"的手笔，由此也足以看出其对传统中国绘画艺术用情之深，用功之勤。看到他作为传统绘画传承者，对"戴家样"艺术长年以来孜孜不倦地探索，成果颇丰，令我欢喜又感动，机缘巧合之下，我将其介绍入师门，自然也得到恩师戴敦邦先生的大力表扬与肯定，一来二往之间，彫仙提出了想要投身"戴门"，精进艺术的愿望，蒙恩师首肯，遂由我欣然收其为徒，大家志同道合，立志共同为"戴家样"艺术在21世纪的守正创新和发扬光大尽绵薄之力。

在生活中，彫仙是一位成就颇高的文身师，每天辛勤工作之余，他全身心投入绘画艺术之中，这是令他最快乐的事。他拥有良好的造型能力与一定的笔墨基础，特别在临摹"戴家样"绘画艺术风格的作品时，能做到传承不走形，学而化之。除了临摹，他还善于思考与创作，其笔下的艺术作品，不仅造型生动、情态传神，而且有浓浓的生活气息与艺术情趣，逐渐形成了源于"戴门"且不乏自身特色的艺术风貌。可以说，他的绘画作品既体现了其师公戴敦邦先生独特的造型、线条艺术，又运用了自己擅长的夸张对比手法，十分传神，独具个性。

此次呈现在读者眼前的这本《中国神仙画谱》，就是彫仙经过长时间的构思，精心绘就的百余幅佳作，这其中有民间神灵、后天仙真，还有天府群仙等多个类型，无不描绘得细腻传神。值得一提的是，彫仙在继承"戴家样"艺术风格的同时，做到了融会贯通，他在创作这一百余幅作品时，并不是对师公戴敦邦先生此类题材绘画作品简单地临摹，而是融合了自身特色进行绘制，最终呈现出传统、浪漫的艺术气息乃至深厚的民族美学精神，更在描绘中，体现了天人思想和宇宙意识，可谓异彩纷呈，魅力十足，充分展示了彫仙绘画艺术的优点与风格，使得这一题材与"戴家样"艺术得到了一次全新的融合，也很好地展示了彫仙源自"戴门"、守正创新的艺术追求。我曾将他绘制的财神、钟馗等作品拿给恩师指教，老爷子欣赏之余，半开玩笑半认真地说道："好了，我的饭碗要被彫仙抢掉了！"说罢哈哈大笑起来，我知道，这不仅是幽默睿智的老爷子对徒孙作品最大的鼓励与肯定，也是一种未来可期、重任在肩的盼望与期许。老爷子的这句话值得彫仙继续为之不懈努力！

彩笔彫彰，翰墨仙缘。彫仙吾徒此次用心绘成的《中国神仙画谱》，其画风传承中国传统文化与美学精神，浓墨重彩，雅俗共赏，相信这本书的出版，不仅是其个人艺术历程中极为重要的足迹，也为"戴家样"艺术在新时代传承创新，坚持用中国绘画语言"讲好中国故事"，交上了一份出色的答卷！是为序。

王悦阳

2023年元旦大吉日于海上新杏小筑园

前言

我儿时很喜欢听我奶奶讲一些奇异的神鬼故事，或是守在电视机旁，看孙大圣请各路神仙，拿着各种法宝，降服各种妖怪。中国古代的神话太美好了，是神秘的，是浪漫的，是令人深思的。这本书圆了我儿时天马行空的梦。

我的绘画风格比较古朴，这种风格是根据中国著名国画家戴敦邦先生绘画风格而形成的，叫作“戴家样”艺术风格。最早接触到“戴家样”，是在观看央视版《水浒传》的片尾时，一百单八将人物的画像逐一呈现，形形色色，妙趣横生。后在机缘巧合之下，我有幸拜在了戴敦邦先生的高徒王悦阳先生门下，成了“戴家样”第三代弟子。在师父王悦阳先生的教导之下，更系统深入地学习了“戴家样”的画法精髓。在绘制过程中，还参考了山西运城永乐宫、北京法海寺、山西府城玉皇庙等地的壁画和雕塑中的经典形象。

不论在东方文化还是西方文化中，神仙画都有着悠久的历史和重要的地位，对文化艺术的发展起着至关重要的作用。本书选取了民间传说中人们耳熟能详的神仙形象进行绘制。

这是一次绘画上的尝试，如果书中出现纰漏，欢迎诸君予以批评指正。同时，本书不属于考古学类书籍，请读者勿将此书作为还原历史的依据。

这里要特别感谢师公戴敦邦先生，以及恩师王悦阳先生，也非常感谢编辑提出的宝贵意见及给我提供的帮助。谢谢！

彭仙

2023年2月

资源与支持

本书由“数艺设”出品，“数艺设”社区平台（www.shuyishe.com）为您提供后续服务。

配书资源

精美线稿文件及电子壁纸

扫 码 获 取 资 源

“数艺设”社区平台，为艺术设计从业者提供专业的教育产品。

与我们联系

我们的联系邮箱是szys@ptpress.com.cn。如果您对本书有任何疑问或建议，请您发邮件给我们，并请在邮件标题中注明本书书名及ISBN，以便我们更高效地做出反馈。

如果您有兴趣出版图书、录制教学课程，或者参与技术审校等工作，可以发邮件给我们。如果学校、培训机构或企业想批量购买本书或“数艺设”出版的其他图书，也可以发邮件联系我们。

关于“数艺设”

人民邮电出版社有限公司旗下品牌“数艺设”，专注于专业艺术设计类图书出版，为艺术设计从业者提供专业的图书、视频电子书、课程等教育产品。出版领域涉及平面、三维、影视、摄影与后期等数字艺术门类，字体设计、品牌设计、色彩设计等设计理论与应用门类，UI设计、电商设计、新媒体设计、游戏设计、交互设计、原型设计等互联网设计门类，环艺设计手绘、插画设计手绘、工业设计手绘等设计手绘门类。更多服务请访问“数艺设”社区平台www.shuyishe.com。我们将提供及时、准确、专业的学习服务。

目录

天府群仙

中国神仙画谱

壹

三清

玉清元始天尊，道教『三清』尊神之首，居于玉清境。历代神仙通鉴称元始天尊为『主宰天界之祖』。东晋葛洪的枕中书记载：『昔二仪未分，溟涬鸿蒙，未有成形。天地日月未具，状如鸡子，混沌玄黄。已有盘古真人，天地之精，自号元始天王，游乎其中。』

上清灵宝天尊，道教『三清』尊神之一，居于上清境。陶弘景编纂的洞玄灵宝真灵位业图称灵宝天尊在中位，仅次于元始天尊。

太清道德天尊，道教『三清』尊神之一，居于太清境。杜光庭太上老君说常清静经注称：『太者，大也。上者，尊也。高真莫先，众圣共尊。故曰太上老君。老者，寿也，明老君修天修地，自然长寿，故曰老也。君者，尊号也，道清德极，故曰君也。』

玉清元始天尊

上清灵宝天尊

太清道德天尊

四御

北极紫微大帝

四御是指道教天界尊神中辅佐玉皇大帝的四位尊神。

北极紫微大帝在中国民间信仰中占有重要地位，辅佐玉帝管理星界。

南极长生大帝为元始天王第九子。《无上九霄玉清大梵紫微玄都雷霆玉经》称："其第九子位为高上神霄玉清真王长生大帝，专制九霄三十六天。"

勾陈上宫天皇大帝为斗姆元君的长子，执掌南北两极和天地人三才、统御众星，并主持人间兵革之事，因此也是古代的武神和战神。宋朝张君房《云笈七签》卷二十四称：“璇玑星君字处行，钩陈水星主之，常陈天之虎贲也。”

后土皇地祇，执掌阴阳，育万物，因此也被称为大地之母。其职责是掌管山岳土地变化及诸山神、地祇，并节制劫运之事。《礼记·祭法》中记载：“共工氏之霸九州也，其子曰后土，能平九州，故祀礼以为社。”

三官大帝

天官，名为“上元一品赐福天官紫微大帝”，居于玉清境。天官由青、黄、白三气结成，掌管诸天帝王。每逢正月十五上元节，天官来到人间，定夺人间福祸赏罚，故称之为天官赐福。

地官，名为“中元二品赦罪地官清虚大帝”，居于上清境。地官由元洞混灵之气、极黄之精凝结而成，掌管五帝五岳诸地神仙。每逢七月十五中元节，地官来到人间，为人赦罪，释放幽冥业满之灵，故称地官赦罪。

水官，名为“下元三品解厄水官洞阴大帝”，居于太清境。水官由风泽之气和晨浩之精结成，掌管水中诸大神仙。每逢十月十五下元节，水官来到人间，为百姓消灾减厄、解冤释结，故称水官解厄。

天官

地官

水官

三官大帝

四值功曹

四值功曹是民间信仰和道教所奉的天庭中值年、值月、值日和值时的四神，他们分别叫李丙、黄承乙、周登、刘洪。他们的主要职责是根据实际观察、调查民间众生，将他们的功过德行登记在册，负责管理功绩本。

值年神李丙

值月神黄承乙
月直

值日神周登

值时神刘洪

時直
年直
日直
月直

六丁六甲

六丁六甲本为司掌天干地支的神祇。六丁为丁卯、丁巳、丁未、丁酉、丁亥、丁丑，是阴神。六甲为甲子、甲戌、甲申、甲午、甲辰、甲寅，是阳神。传说中六甲日是上天创造万物的日子，也是妇女易受孕的日子，故称女子怀孕为“身怀六甲”。

丁巳神崔巨卿

丁未神石叔通

丁酉神臧文公

丁亥神张文通

丁丑神赵子玉
丁丑

甲子神王文卿

甲戌神展子江

甲申神扈文长

甲午神卫玉卿
甲午

甲辰神孟非卿

甲寅神明文章

八仙

铁拐李本是一名俊美的男子，一日，其施展法术灵魂出窍，寻访高人，并叮嘱其弟子，如果其七日未归，便是位列仙班，便可将其肉身焚化，然后留下尸壳，元神外游。不料，六日之时，弟子有事，便提前焚其肉身。其归来发现无肉身可还魂，惊愕之际，见一饿死的跛脚乞丐，无奈借此身体还魂，于是有了铁拐李的形象。

汉钟离，元代全真道奉其为『正阳祖师』，东汉人士。在八仙故事中，汉钟离受铁拐李点化入道，飞剑斩虎，点金济众。之后又十试吕洞宾，助吕洞宾成仙得道。

张果老有长生不老，起死回生之能，唐太宗、唐高宗和武则天曾多次征召，都被婉拒，甚至诈死以拒。后唐玄宗征召之时，其展现了拔鬓角击齿之神技。御赐邢州五峰山为修行地。

吕洞宾，道教丹鼎派祖师，师从汉钟离，后传道于刘海蟾及王重阳，被全真道奉为『北五祖』之一。民间传说中吕洞宾受汉钟离点化，得道成仙。成仙之后，云游四方，为百姓消除疾病，从不要任何报酬。吕洞宾一生乐善好施，扶危济困，深得百姓敬仰。飞升后，家乡百姓为纪念他，修建了吕公祠。到了金代，吕公祠被改成了吕公观。

铁拐李

汉钟离

张果老

吕洞宾

何仙姑是八仙之中唯一的女性形象。相传在北宋时期聚仙会时，受铁拐李之邀，在石笋山列入八仙。亦传，何仙姑十四岁时巧遇吕洞宾，得食云母，便能洞悉人间祸福，后于莲花中坐化成仙。

蓝采和本身是一名民间说唱艺人。传说汉钟离幻化成身上长着脓疮的老者，要蓝采和用篮子打水给他清洗伤口，蓝采和自知不能，此时何仙姑幻化成一农妇，告诉蓝采和，在篮中放一片荷叶就可打水了。后蓝采和喝了篮中之水，得道成仙，故其法宝是一个篮子。

韩湘子是八仙中风度翩翩的斯文公子。相传道教音乐天花引为韩湘子所作。传说吕洞宾设下了财、色、情三道关来测试韩湘子的道心，待其通过后，将其点化成仙。

曹国舅是八仙最晚入道之人。相传于北宋时期聚仙会时应铁拐李之邀在石笋山列入八仙。在八仙之中，曹国舅不以道士形象出现，而是以身穿官服，腰横玉带，手执云阳板的形象出现。

何仙姑

蓝采和

韩湘子

曹国舅

日月帝君

太阳星君，中国民间信仰和道教尊奉的太阳神，主掌太阳，俗称“太阳帝君”“太阳公”。农历三月十九为太阳星君诞辰。在炎帝神农时代即有拜祭太阳星君典礼，到帝尧时代，以春分朝日，秋分饯日，周制且帅诸侯朝日于郊，嗣后之朝代，均有拜日朝日之礼。朝廷如此，民间也早就衍为时俗，形成拜太阳公之风尚，以感谢四季阳光普照之恩惠。太阴星君，中国民间信仰和道教尊奉的月神，俗称“太阴娘娘”“月姑”等。中国古代男女热恋时在月下盟誓定情，供奉太阴星君。有些分离的恋人也拜求太阴星君祈求团圆。

太阴星君

角木蛟，角宿天门星君，二十八星宿中东方青龙七宿之首，属木，以蛟象征。主管人间雨泽、农田、耕稼等。

亢金龙

亢金龙，亢宿天庭星君，二十八星宿中东方青龙七宿之一，属金，以龙象征。亢金龙是东方第二宿，位于天家中东方青龙的颈部。主管人间瘟灾、大风、百药、三公、五老等。

氐土貉，氐宿天府星君，二十八星宿中东方青龙七宿之一，属土，以貉象征。氐宿是东方第三宿，位于天象中东方青龙的胸部。主管人间后妃、官府、山林草木等。

房日兔，房宿天驷星君，二十八星宿中东方青龙七宿之一，为日，以兔象征。房日兔是东方第四宿，位于天象中东方青龙的腹部。主管人间宝器金玉、惊风骇雨等。

心月狐，心宿天王星君，二十八星宿中东方青龙七宿之一，为月，以狐象征。心月狐是东方第五宿。主管人间帝王明堂、雨泽、工役、技艺、百巧等。

尾火虎，尾宿天鸡星君，二十八星宿中东方青龙七宿之一，属火，以虎象征。尾火虎为东方第六宿，位于天象中东方青龙的尾部。主管人间祥云瑞雾等。

箕水豹

箕水豹，箕宿天津星君，二十八星宿中东方青龙七宿之一，属水，以豹象征。箕水豹是东方最后一宿。主管人间斜风细雨、奸邪谄佞等。

斗木獬，斗宿天庙星君，二十八星宿中北方玄武七宿之一，属木，以獬象征。斗木獬为北方之首宿，因其星群组合状如斗而得名。主管人间进士登科爵禄、微风细雨、斛斗升合秤尺等。

牛金牛

牛金牛，牛宿天机星君，二十八星宿中北方玄武七宿之一，属金，以牛象征。牛金牛为北方第二宿，因其形如牛角而得名。主管人间云雾霜雪、牛羊六畜、足虫百兽等。

女土蝠，女宿天女星君，二十八星宿中北方玄武七宿之一，属土，以蝠象征。女土蝠为北方第三宿，其状如箕，亦似“女”字。主管人间裁缝衣物、嫁娶聘偶等。

虚日鼠，虚宿天卿星君，二十八星宿中北方玄武七宿之一，为日，以鼠象征。虚日鼠为北方第四宿，古人称其为“天节”。半夜虚宿居于南中，此时正值冬至。冬至一阳初生，为新的一年即将开始，如同子时一阳初生意味着新的一天开始一样，给人以美好的期待和希望。主管人间宫室庙堂盖屋、祭礼考妣、五虚六耗、悲泣等。

危月燕，危宿天钱星君，二十八星宿中北方玄武七宿之一，为月，以燕象征。危月燕为北方第五宿，位于天象中北方玄武尾部，因断后者常有危险，故得名“危”。主管人间丘陵、坟墓、旋风、沙石、危厄艰险等。

室火猪，室宿天禀星君，二十八星宿中北方玄武七宿之一，属火，以猪象征。室火猪为北方第六宿，因其形状像房屋而得名“室”。主管人间官室、文章图籍、军料府库等。

壁水貐，壁宿天市星君，二十八星宿中北方玄武七宿之一，属水，以貐象征。壁水貐为北方第七宿，居室宿之外，形如室宿的围墙，故得名“壁”。主管人间文章、图书秘府、阴寒雨泽霹雳、五谷百果等。

奎木狼，奎宿天将星君，二十八星宿中西方白虎七宿之一，属木，以狼象征。奎木狼为西方第一宿，有天之府库的意思。主管人间武库、兵甲戈矛、沟渎池亭、风雨雷电等。

娄金狗，娄宿天狱星君，二十八星宿中西方白虎七宿之一，属金，以狗象征。娄金狗为西方第二宿，娄同“屡”，有聚众的含义，也有牧养众畜以供祭祀的意思。主管人间宫观寺院、禁苑内庭、郊礼斋醮等。

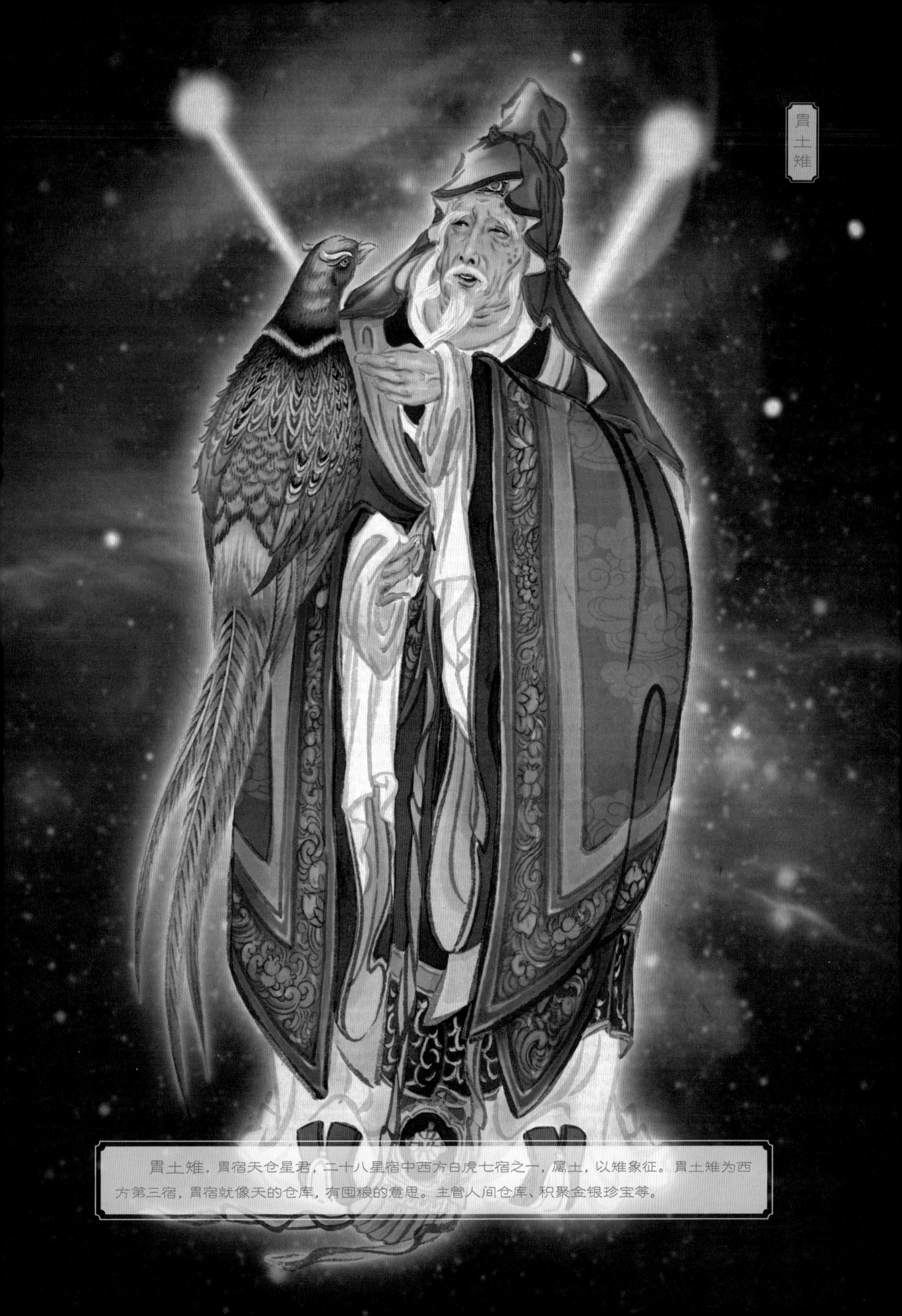

胃土雉，胃宿天仓星君，二十八星宿中西方白虎七宿之一，属土，以雉象征。胃土雉为西方第三宿，胃宿就像天的仓库，有囤粮的意思。主管人间仓库、积聚金银珍宝等。

昴日鸡

昴日鸡，昴宿天目星君，二十八星宿中西方白虎七宿之一，为日，以鸡象征。昴日鸡为西方第四宿，居白虎七宿的中央。主管人间天地晴明、狱典曹吏等。

毕月乌，毕宿天耳星君，二十八星宿中西方白虎七宿之一，为月，以乌象征。毕月乌为西方第五宿，又名“罕车”，相当于边境的军队，“毕”有“完全”之意。主管人间天地开泰、朱轮宝盖、边兵守境、封疆安宁等。

觜火猴，觜宿天屏星君，二十八星宿中西方白虎七宿之一，属火，以猴象征。觜火猴为西方第六宿，居白虎之口。主管人间收敛万物、风雷雨泽、山川房庙、鬼魅妖怪等。

参水猿，参宿天水星君，二十八星宿中西方白虎七宿之一，属水，以猿象征。参水猿为西方第七宿，位于天象中西方白虎的前胸。参水猿虽居七宿之末，但为最要害部位。主管人间将军权衡境域、杀伐冤仇、劫夺忿悦等。

井木犴，井宿天井星君，二十八星宿中南方朱雀七宿之一，属木，以犴象征。井木犴为南方第一宿，其状如网，由此而得名“井”。井宿就像一张迎头之网，又如一片无底汪洋。主管人间天色昏暗、池塘坡井、桥梁江湖等。

鬼金羊，鬼宿天匮星君，二十八星宿中南方朱雀七宿之一，属金，以羊象征。鬼金羊为南方第二宿，犹如一顶戴在朱雀头上的帽子，鸟类在受到惊吓时头顶羽毛成冠状，人们把最害怕而又并不存在的东西称作“鬼”，鬼宿因此而得名。主管人间丧祸诅咒、毒药、奸恶等。

柳土獐，柳宿天厨星君，二十八星宿中南方朱雀七宿之一，属土，以獐象征。柳土獐为南方第三宿，位于天象中南方朱雀的嘴部，其状如柳叶。主管人间庖厨食味、天色昏黄、兵戈草贼等。

星日马，星宿天库星君，二十八星宿中南方朱雀七宿之一，为日，以马象征。星日马为南方第四宿，位于天象中南方朱雀的眼部，鸟类的眼睛多如星星般明亮，由此而得名“星”。主管人间裁缝、衣装文绣等。

张月鹿，张宿天秤星君，二十八星宿中南方朱雀七宿之一，为月，以鹿象征。张月鹿为南方第五宿，位于天象中南方朱雀躯干与翅膀连接处。主管人间宗庙、珍宝衣服、赐宴宾客、父子不睦、兄弟不和等。

翼火蛇，翼宿天都星君，二十八星宿中南方朱雀七宿之一，属火，以蛇象征。翼火蛇为南方第六宿，位于天象中南方朱雀的翅膀处，故而得名“翼”。主管人间乐府、五音六律、水府鱼龙、飞走群毛万类。

轸水蚓，轸宿天阶星君，二十八星宿中南方朱雀七宿之一，属水，以蚓象征。轸水蚓为南方第七宿，居朱雀之尾，鸟儿的尾巴是用来掌握方向的。古代称车箱底部后面的横木为“轸”，其在车上的位置与轸宿居朱雀之尾相当，轸宿因此而得名。轸宿古称“天车”，“轸”有悲痛之意。主管人间天地明朗、哭泣离别、官府口舌、凶恶危难。

二郎神

二郎神，又号灌口二郎、灌口神。传说中二郎神的主要事迹为治水平患。《西游记》《封神演义》等小说的广泛传播，使二郎神的文学形象深入人心。属于标准的民俗仙化人物。

嫦娥

嫦娥，又名素娥，中国古代民间神话中的人物，后羿的妻子。传说中嫦娥因偷吃了不老药，羽化飞升至月中广寒宫，从此无法与家人相见。后来人们便在八月十五将圆月般的点心置于庭院，以祈求团圆美满。

魁星

魁星，也称魁星爷。因为在民间传说中，魁星主掌考运，所以民间读书人都郑重的祭拜，以求考得功名，古代士子中状元被称为“大魁天下士”或“一举夺魁”。

天蓬元帅

天蓬元帅，全称“祖师九天尚父五方都总管北极左垣上将都统大元帅天蓬真君”，是道教神仙中四大护法天神之一，为北极四圣之首。

普化天尊

普化天尊，全称“九天应元雷声普化天尊”，是道教尊奉的神仙，为南极长生大帝之化身。作为雷部的最高天神，其掌管复杂的雷神组织，总部为神霄玉清府，下设三省九司、三十六内院中司、东西华台、玄馆妙阁、四府六院及诸有司，各分曹局。

斗姆元君

斗姆元君，又称斗母元君。“斗”指北斗众星，“姆”指母亲。根据相关记载，斗姆原为龙汉年间周御王的爱妃，号“紫光夫人”，先后为御王生下九子。长子为勾陈上宫天皇大帝，次子为北极紫微大帝，余七子分别为贪狼、巨门、禄存、文曲、廉贞、武曲、破军。

地上群仙

中·国·神·仙·画·谱

贰

蓬莱三仙

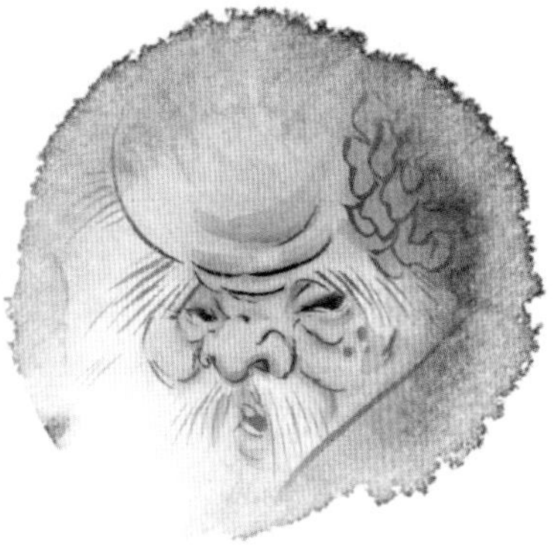

福星，主掌人间赐福，一般认为福星就是北极紫微大帝，北极紫微大帝是道教四御之一，福星只是他其中的一个身份而已。后来人们认为唐朝一位叫阳城的人是福星，其死后被百姓供奉，被尊称为福神。

禄星，主掌人间功名利禄，因此在读书人心中的地位十分高。禄星又被称为『文曲星』『文昌星』。一般认为禄星指的是比干，他死后受封为『文曲星』。

寿星，主掌人间寿命。有些传说认为寿星是彭祖，据说历史上确实有彭祖这个人，他是颛顼的玄孙，因为十分长寿，所以被尊称为寿星。

福星

禄星

寿星

真武大帝

真武大帝，又称玄天上帝，为道教神仙中赫赫有名的神。真武大帝的形象非常威武，其身长百尺，披散着头发，身着甲胄，脚下踏着龟、蛇，按剑而立，眼如电光。

碧霞元君

碧霞元君，全称『东岳泰山天仙玉女碧霞元君』，俗称『泰山娘娘』。碧霞元君是道教文化中重要的女神，和蔼可亲、神通广大、乐善好施，传说能令耕种、经商、旅行顺利，也能令婚姻美满，更能护佑妇女儿童健康平安。

地府幽冥
中·国·神·仙·画·谱
叁

十殿阎王

一殿秦广王，蒋子文，诞辰为二月初一，专司人间夭寿生死、接引超生，统管幽冥吉凶。功过各半者，送交第十殿，仍投入世间，男转为女，女转为男。恶多善少者，押赴殿右高台，名曰孽镜台，令之一望，照见在世之心好坏，随即批解第二殿，发狱受苦。

二殿楚江王，厉温，诞辰为三月初一，司掌活大地狱，又名剥衣亭寒冰地狱，另设十六小狱。凡在阳间伤人肢体、奸盗杀生者，推入活大地狱，另发入十六小狱受苦，期满转解第三殿，加刑发狱。

三殿宋帝王，余懃，诞辰为二月初八，司掌黑绳大地狱，另设十六小狱。凡阳世忤逆尊长、教唆兴讼者，推入黑绳大地狱，受倒吊、挖眼、刮骨之刑，刑满转解第四殿。

一殿秦广王

二殿楚江王

三殿宋帝王

四殿五官王，吕岱，诞辰为二月十八，司掌合大地狱，另设十六小狱。凡抗粮赖租，交易欺诈者，推入合大地狱，另发入十六小狱受苦，满日解送第五殿查核。

五殿阎罗王，包拯，诞辰为正月初八，前本居第一殿，因怜屈死，屡放还阳申雪，降调此殿。司掌叫唤大地狱，并设十六诛心小狱。凡解到此殿者，押赴望乡台，令之闻见世上本家，因罪遭殃各事，随即推入叫唤大地狱，细查曾犯何恶，再发入十六诛心小狱，钩出其心，掷与蛇食，铡其身首，受苦满日，另发别殿。

六殿卞城王，毕元宾，诞辰为三月初八，司掌大叫唤大地狱及枉死城，另设十六小狱。忤逆不孝者，被两小鬼用锯分尸。凡怨天尤地，对北溺便涕泣者，发入大叫唤大地狱。查所犯事件，亦要受到铁锥打、火烧舌之刑罚。再发十六小狱受苦，满日转解第七殿，再查有无别恶。

四殿五官王

五殿阎罗王

六殿卞城王

七殿泰山王，董和，诞辰为三月二十七，司掌热恼地狱，另设十六小狱。凡阳世取骸合药、离人至戚者，发入此狱。受苦满日，转解第八殿，收狱查治。凡盗窃、诬告、敲诈、谋财害命者，均将遭受下油锅之刑罚。

八殿都市王，黄中庸，诞辰为四月初一，司掌大热大恼大地狱，另设十六小狱。凡在世不孝，使父母翁姑愁闷烦恼者，掷入此狱。再交各小狱加刑，受尽痛苦，解到第九殿，改头换面，永为畜类。

九殿平等王，陆游，诞辰为四月初八，司掌丰都城铁网阿鼻地狱，另设十六小狱。凡阳世杀人放火、斩绞正法者，解到本殿，用空心铜桩链其手足相抱，煽火焚烧，烫烬心肝，随发阿鼻地狱受刑。直到被害者个个投生，方准提出，解交第十殿发生六道。

十殿转轮王，薛礼，诞辰为四月十七，专司各殿解到鬼魂，分别善恶，核定等级，发四大部洲投生。男女寿夭，富贵贫贱，逐名详细开载，每月汇至第一殿注册。凡有作孽极恶之鬼，着令更变卵胎湿化，朝生暮死，罪满之后，再复人生，投胎蛮夷之地。凡发往投生者，先令押交孟婆神，酴忘台下，灌饮迷汤，使忘前生之事。

七殿泰山王

八殿都市王

九殿平等王

十殿转轮王

判官，本名崔珏，字子玉，地府判官。执掌阴曹地府生死簿。

白无常

白无常，名为谢必安，属阳。白无常时常满面笑容，身材高瘦，面色惨白，口吐长舌，其头上官帽写有“一见生财”四字，给予对神明恭敬之人好运。白无常吸男性的阳魂，散女性的阴魄。

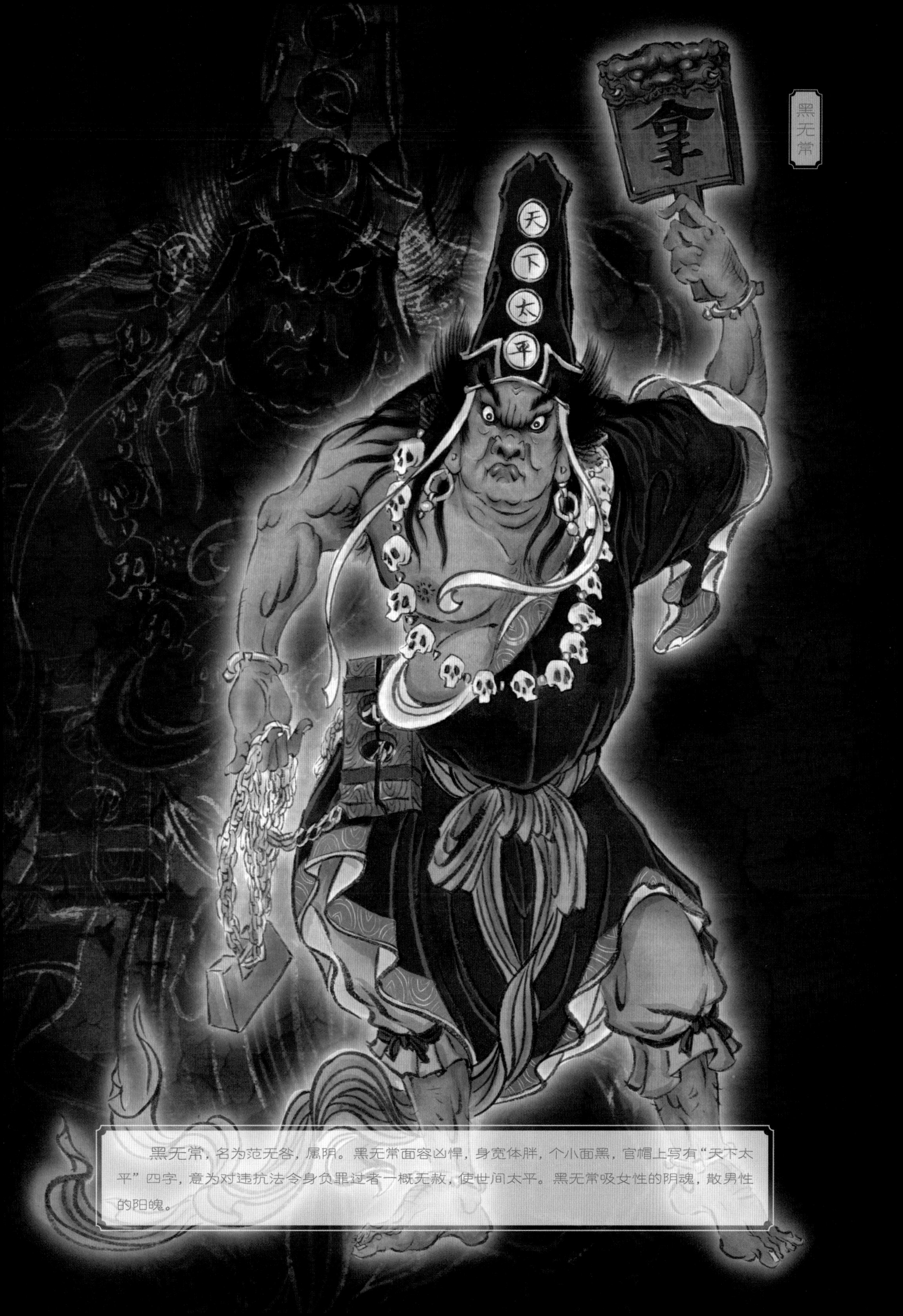

黑无常，名为范无咎，属阴。黑无常面容凶悍，身宽体胖，个小面黑，官帽上写有“天下太平”四字，意为对违抗法令身负罪过者一概无赦，使世间太平。黑无常吸女性的阴魂，散男性的阳魄。

牛头

牛头，名为阿傍，其形为牛头人身，手持钢叉，力能排山。据《铁城泥犁经》记载：“牛头于世间为人时，不孝父母，死后为鬼卒，牛头人身。”

马面

马面，名为马头罗刹，手持枪矛。民间传说中，马面有时是阎王、判官的爪牙，有时爱占小便宜，有时会干点违法乱纪的事，有时又很有同情心。

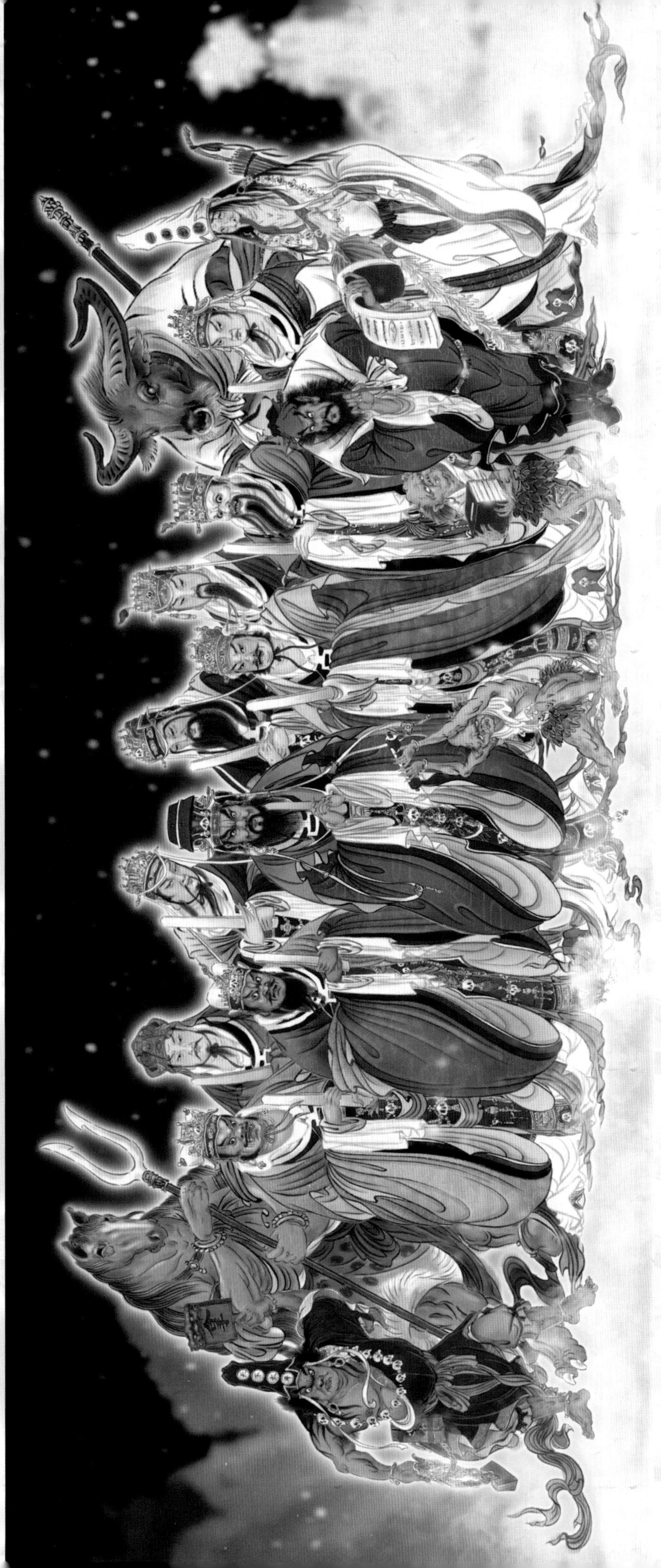

后天仙真

中·国·神·仙·画·谱

肆

张三丰

张三丰，道教学者、思想家、丹道学家、书法家、武术家。历代皇帝敕封其为“通微显化真人”“韬光尚志真仙”“清虚元妙真君”“飞龙显化宏仁济世真君”等。

张天师

张天师指张道陵，是道教的创始人之一，被称为“道教四大天师之首”。关于张天师的神话故事很多，包括一些降妖伏魔的故事。后在汉桓帝永寿二年丙申九月初九，张天师和夫人，以及两位弟子王长、赵升在云台山成仙，白日升天。

王重阳与全真七子

王重阳，原名中孚，字允卿。入道后，改名喆，字知明，号重阳子。创立道教全真道，全真七子的师父，元世祖至元六年封为“重阳全真开化真君”。元武宗至大三年加封为“重阳全真开化辅极帝君”。

丘处机，字通密，号长春子，全真七子之一。成吉思汗尊奉其为神仙、大宗师。丘处机死后，元世祖诏赠“长春演道主教真人”。

王处一，字玉阳，号全阳子，全真七子之一。王处一拜王重阳为师后，长期隐居昆嵛山烟霞洞。仙化后，元世祖至元六年，赐赠“玉阳体玄广度真人”。

郝大通，字太古，号广宁子，全真七子之一。受王重阳感化，弃尽财物，入于昆嵛山烟霞洞，拜王重阳为师，跟随其学道，后来创立了华山派。

王重阳

丘处机

王处一

郝大通

孙不二，名富春，号清静散人，全真七子之一。丹阳子马钰之妻。孙不二因夫拜王重阳为师，跟随其学道。元世祖至元六年，赠“清静渊真顺德真人”号。

刘处玄，字通妙，号长生子，全真七子之一。大定十六年，返回老家，大弘教法，大定二十五年，其继任全真道掌教，承安三年，金章宗闻风征请，待如上宾，官僚士庶络绎相仍，户外之履，无时不盈。承安四年乞归，金章宗赐名“灵虚”。至元六年敕封“长生辅化明德真人”。

谭处端，字通正，号长真子，全真七子之一。谭处端于金大定年间拜王重阳为师，继马钰之后执掌全真道。谭处端与其徒努力修行，共振道业，继承并发展了全真道思想，形成全真道中的南无派。据说其好书“龟”“蛇”二字，奉道之士将其视为珍宝。

马钰，字玄宝，号丹阳子，全真七子之一。马钰与孙不二是夫妇。马钰是全真道祖师王重阳在山东收下的首位弟子。大定十年王重阳逝世后，马钰成为全真道第二任掌教。元世祖至元六年敕封“丹阳抱一无为真人”。

孙不二

刘处玄

谭处端

马钰

关圣帝君

关圣帝君，本名关羽，字云长，东汉末年名将。别名美髯公、关公。

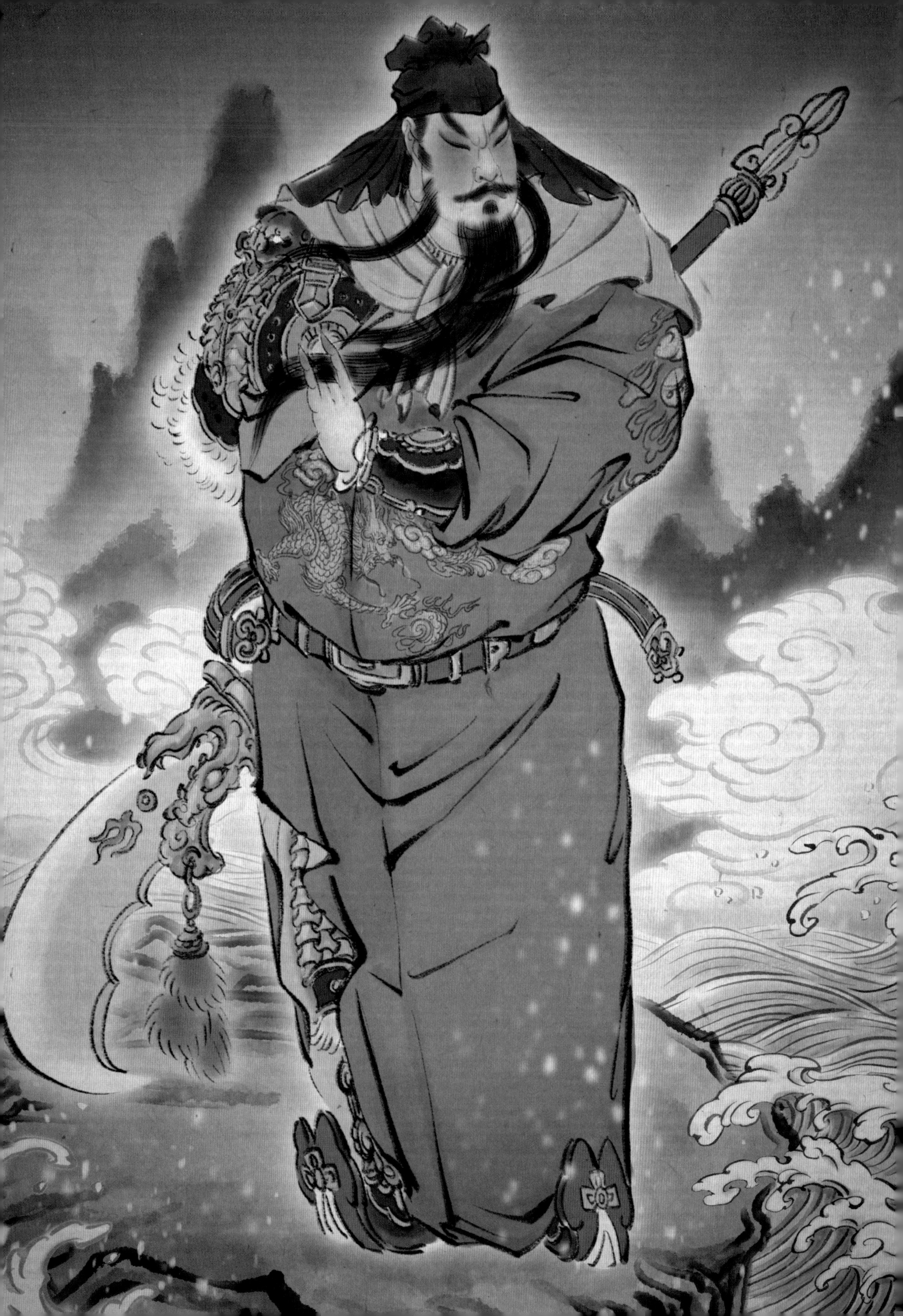

春秋

民间神灵
中·国·神·仙·画·谱
伍
天言好事
降吉祥
聚
寶
盆

城隍

城隍，道教中守护城池之神。城隍是地府的地方官，因此城隍与所在的城市息息相关，他的职责是管理死者和生者的户籍，保护一方水土安宁，为这个城市的百姓记录善恶功过。

土地公

土地公，民间境地守护神，又称福德正神、社神，是管理一方土地的神。农历二月初二是土地公的诞辰。

灶神

灶神，又称灶王爷、灶君。玉皇大帝封其为“九天东厨司命灶王府君”，负责管理各家的灶火，因而受到人们崇拜。农历腊月廿四灶神离开人间，上天向玉皇大帝禀报这一家人一年来的表现，又称“辞灶”，所以家家户户都要“送灶神”。

门神

尉迟恭，字敬德，朔州人，是凌烟阁二十四功臣之一。唐朝名将，逝世后册赠司徒、并州都督，谥号“忠武”。

秦琼，字叔宝，齐州历城人。隋末唐初名将，拜左武卫大将军，逝后追赠徐州都督，谥号为“壮”。秦琼亦为凌烟阁二十四功臣之一。据说，唐太宗李世民即位后夜间常做噩梦，他便让秦琼与尉迟恭二人每夜披甲持械守于宫门两旁。之后，太宗念秦琼和尉迟恭辛劳，便让宫中画匠绘制他们的戎装像悬挂于宫门两旁，此后安枕无忧。

尉迟恭

秦琼

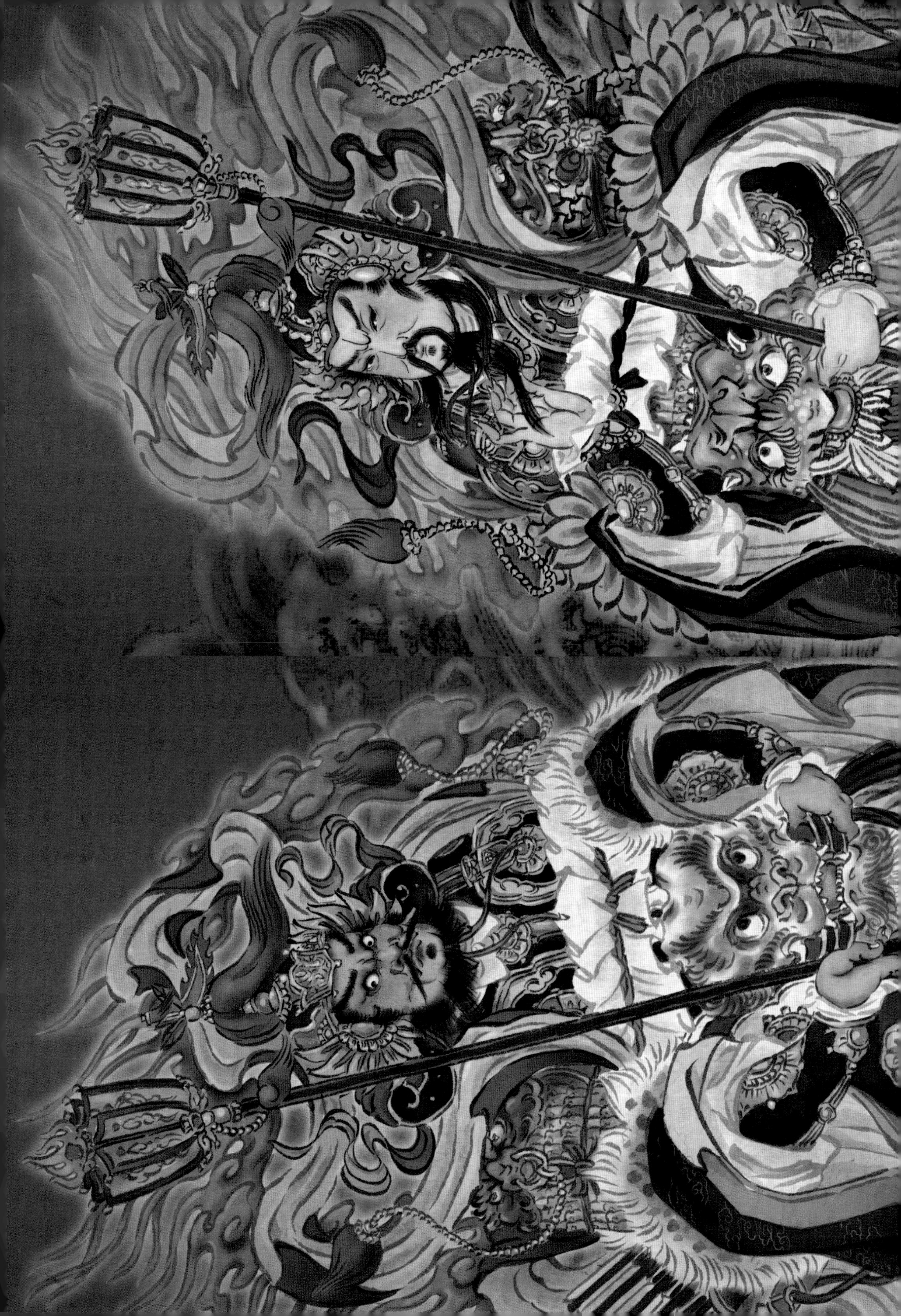

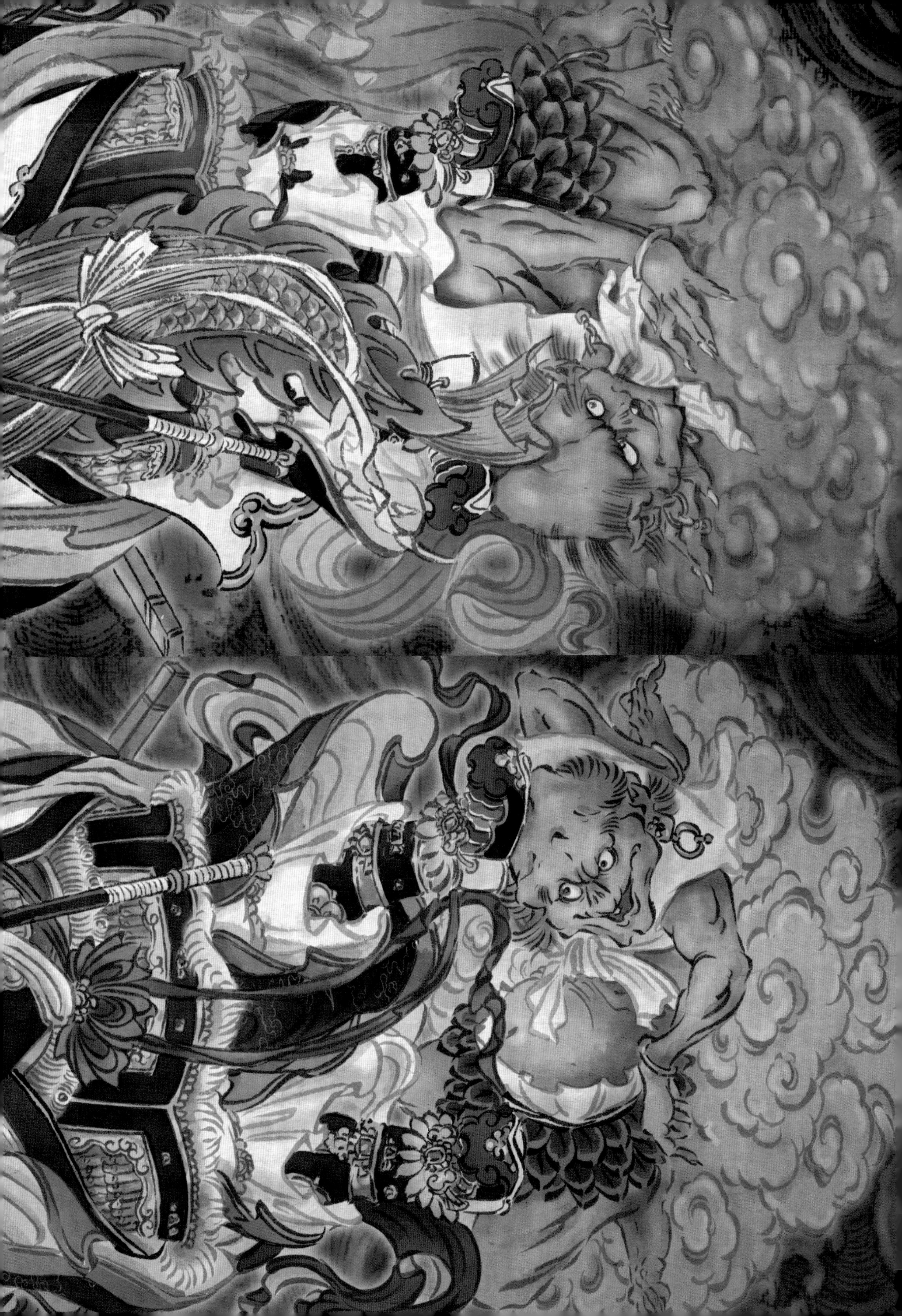

财神

财神名为赵公明，又名赵玄坛、黑虎玄坛，传说能役雷驭电，除瘟禳灾，主持公道。道教尊为“正一玄坛元帅”。

东北仙家

胡家是胡、黄、白、柳、灰五大仙家之首，是狐狸修炼的仙家，狐狸通过自身修炼、高人指点或者吸收日精月华，幻化成人形，最后成为狐仙。

黄家

黄家，是黄鼠狼修炼而成的仙家，即黄仙。黄仙在民间知名度很高，常被称为“黄大仙”或“黄半仙”。黄仙脾气暴躁，性格乖张，而且有恩必返，有仇必报。过去东北乡下，人们若是看到黄鼠狼来偷鸡，都会直接将其赶走，绝不敢伤害分毫，生怕黄仙降灾，报复自己。传说中黄仙的腿脚功夫非常了得，是众仙家当中最好的。

白家，是刺猬修炼而成的仙家，即白仙。白仙擅长治病救人，但武力应该是东北仙家中最弱小的，属于压堂仙家，专门为那些出征的仙家疗伤。另外，白仙善于使用巫术，是破解降头术的高手。

柳家

柳家，指蛇修炼而成的仙家。在民间传说中，蛇被称为小龙，而且女娲也是人身蛇尾，所以其在神话中地位是极高的。在东北仙家当中，战斗力最强的就是柳家，其骁勇善战。

灰家，指的是老鼠修炼而成的仙家。鼠仙善于储粮打洞和经营，在招财方面很厉害。另外，鼠仙在破阵和占卜方面也很强，能洞察天机。

黑妈妈

黑妈妈，又名黑老太，是道教中的地仙，属于东北地方神仙。相传黑老太是在九顶铁刹山的悬石洞修炼成仙的。

钟馗

钟馗是降妖驱邪之神。民间流传着“钟馗捉鬼”的传说，百姓家中常挂钟馗像，以求辟邪除灾。传说，有年兽专于年夜侵扰人间，人们为了驱赶年兽，年夜岁守，将钟馗、神荼、郁垒、尉迟恭、秦琼神像贴于门上辟邪，放鞭炮、挂红灯吓跑年兽。

四海龙王

东海龙王，敖广，为青龙。居东海，控制雨水、雷鸣、洪灾、海潮等。

南海龙王，敖钦，为赤龙。居南海，控制火灾、闪电等。

西海龙王，敖闰，为乌龙。居西海，司掌气候及天气变化。

北海龙王，敖顺，为白龙。居北海，掌管着雪、冰雹、冰霜等。

东海龙王

南海龙王

西海龙王

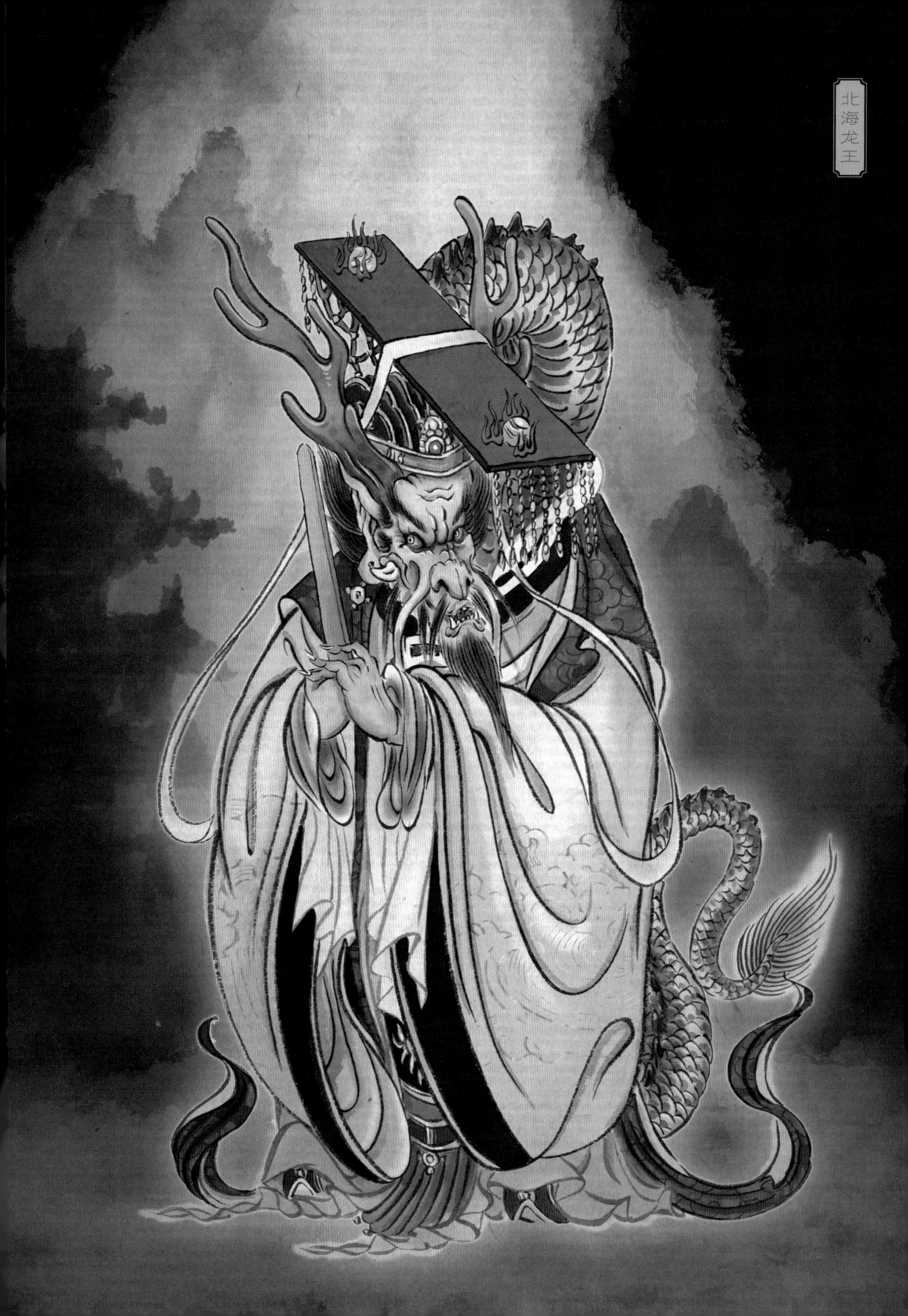
北海龙王

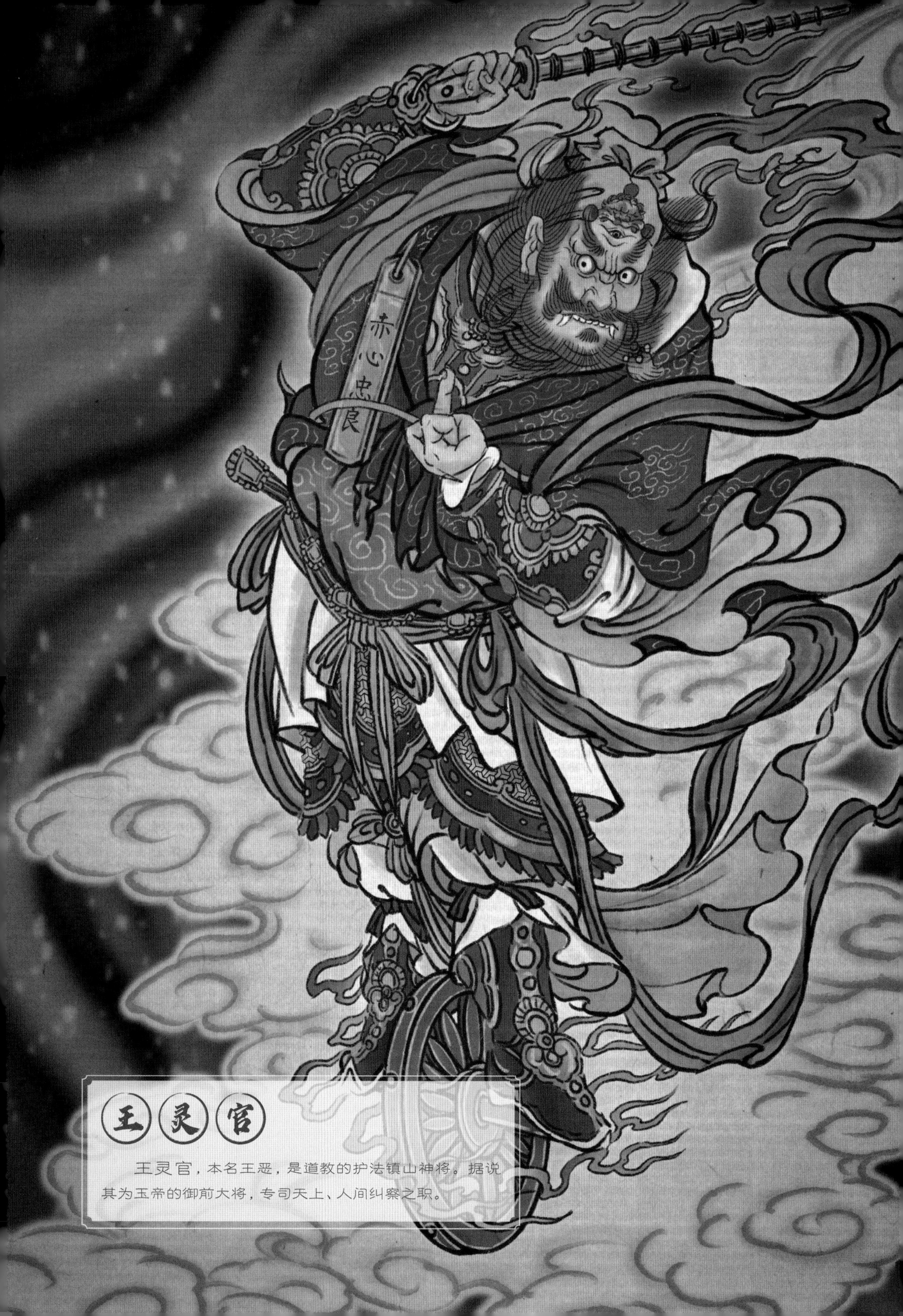

王灵官

王灵官，本名王恶，是道教的护法镇山神将。据说其为玉帝的御前大将，专司天上、人间纠察之职。

上古诸神
中国神仙画谱
陆

盘古

盘古是中国神话中的上古创世神。天地未分之时，宇宙还是一团混沌，盘古在混沌中醒来，将清浊二气撑开，形成了天和地。之后，他的声、气及身体各部分化为世间万物。

女娲

女娲，又称娲皇、女阴，是补天救世之神。传说女娲仿照自己抟土造人，创造了人类社会，并设立了婚姻制度。因世间天塌地陷，于是女娲炼五彩石以补苍天，斩鳌足以立四极，平洪水杀猛兽，人类得以安居。

伏羲

伏羲是传说中的三皇之一。相传其母华胥在雷泽踩了巨大的脚印而有孕，生伏羲于成纪。《史记·太史公自序》中载：“伏羲至纯厚，作《易》八卦。”

昊天

昊天上帝为主宰宇宙万物的神，代表天或等同于天。

九天玄女

九天玄女，亦称玄女、九天娘娘，是民间传说中传授过兵法的女神，道教奉其为高阶女仙。她在民俗信仰中的地位崇高，是一位深谙军事韬略、法术高强的正义之神，形象经常出现于中国各类古典小说之中。